AF405403

COLECCION
MONTAÑA
MAGICA

COLECCIÓN MONTAÑA MÁGICA

Diana Umbra

Pio Fernando Gaona P.

MAGISTERIO EDITORIAL

Colección Montaña Mágica

Título original de la obra: DIANA UMBRA

Reimpresión: 2018

©   Pío Fernando Gaona
©   Cooperativa Editorial Magisterio
      Diagonal 36 bis # 20-70 (Parkway la Soledad)
      PBX: 3383605
      Bogotá, D.C., Colombia.
      www.magisterio.com.co
      info@magisterio.com.co

Dirección General: Alfredo Ayarza Bastidas

Dirección Editorial: Pío Fernando Gaona Pinzón

Diseño de carátula: Hugo Díaz Mapi

Ilustraciones internas y de carátula: Luis Aurelio Durán

ISBN Libro: 978-958-20-0370-8

A Diana en el más allá

A Juan Manuel mi sobrino
buscando la alegría
en sus carros de juguete
para alimentar su lucha terrenal

¿No me engañará la distancia si pienso que esta colina es más alta que todas las que hay a mi alrededor? En fin, mi lugar es lo bastante alto. Aquí podría salvarme en caso de un diluvio universal. Nuestro colegio flotaría y cada salón sería una habitación donde esperaríamos impacientes el acomodamiento de las aguas. Las nubes están bastante cerca. Se mueven. Se desplazan. Caballos de viento las llevan y las traen. ¿Las montañas no se podrán mover? ¿Se necesitarán dioses y hombres muy fuertes?.

Baja, nube. Baja, nubecita. Déjame viajar contigo. Llévame más allá de la frontera. Más allá de todas las fronteras. Ven, nube, ven. Quiero saltar hasta donde tú estás para mirar cómo se desprende la lluvia. Quiero ver si el agua es azul en su nacimiento. Aquí me dicen que el agua es azul pero ahora la he visto de todos los colores, menos azul.

Oye nube. ¿Esas formas extrañas que ustedes tienen a qué se deben? Rostros, peces, dragones, mariposas... ¿acaso al viento ó a finos talladores, artistas y orfebres? ¿Qué instrumentos utilizan para no dañar tu naturaleza volátil? ¿Con los pinceles, paletas, cinceles y martillos que hay en los talleres para tratar el cobre, la piedra y otros materiales de dureza natural? ¿Con los pétalos de las rosas que nacen en los jardines de la fantasía?

Y tú, planeta Venus, ¿desde allá ves cómo cae nuestra lluvia? ¿Por qué a esta

hora del anochecer estás en el mismo lugar? ¿Antes estabas en otro lugar mirando a otra niña? y cuando me voy y dejo de atenderte, ¿a dónde te vas? Ahora tengo que bajar desde el silencio de esta cima a la ruidosa ciudad. Pero antes, una mirada desde aquí. ¿Ves esas torres, esos edificios fuertes, esas casas forradas con piedra, hierro y cemento? Pensar que adentro vive gente. Se encierran para vivir. ¿Qué clase de amor sentirán por la libertad? Las personas de cada edificio hablan un mismo lenguaje, tal vez, pero si se van a comunicar con otra fortaleza, es posible que no se entiendan. Cada uno cree que su vida es bien diferente a la vida de los otros. Que no hay posibilidad de relación afectiva. Que los muros divisores del espacio también son muros que separan a los seres humanos.

Mira Venus. Mira cómo corren los buses. Parece que no fueran a llegar. Todos quieren llegar primero. Viviendo rápido nos acercamos a la muerte. Las personas se caen, las atropellan o les da un infarto. Viven con aliento de pánico. ¿Por qué los adultos tienen tanto miedo a la muerte? ¿Por qué sentirán miedo? ¿Por qué les gusta llenarles los ojos de miedo a los niños, para qué nos asustarán tanto? ¿Para convertirnos en adultos? Nos hablan sobre cómo debe ser el adulto, cómo debemos vivir, pensar y hablar cuando seamos grandes. Utilizan el lenguaje de ellos, la experiencia de ellos. Si por lo menos nos escucharan, podríamos acercarnos más. Pero no. Sólo existen los mayores. ¿No sabrán que a los jóvenes no nos gusta arrugar la frente, cerrar los puños y apretar los dientes? ¡Bello es sonreírle a la vida!

Diana era una chiquilla muy linda. Cada día peinaba su cabello en forma distinta. Lucía bien. Iniciaba el primer año de secundaria. Durante buena parte del año, con todos sus compañeros hicieron de cada momento libre un espacio para recrearse, reir, correr, saltar y jugar. Los elementos hallados se convertían en instrumentos de diversión. Pero antes de finalizar el curso, las risas se apagaron y los niños se volvieron menos alegres y más serios. Sólo la risa de Diana

seguía escapando libre, bajo la mirada cada vez más lejana de todos. No dejaba de sonreir un solo instante y sus ojos brillaban como cuando se tiene el espíritu lleno de sueños hermosos. Todos supieron que ella vivía soñando. A cada persona le inventaba una historia, donde no negaba lo difícil de la realidad.

Siempre estaba sonriendo, aun aquel día cuando llegó al colegio sin cabello, con la cabeza rapada envuelta en una pañoleta. Parecía una gitana. Bella. Y como los gitanos, sus pies, parecían como si hubieran recorrido mil lugares, de aquí hacia allá, viajando, viajando a través de los sueños. Sin embargo, no soñaba para ella. Tampoco ideaba una historia propia, para sí. Su pasado era de vida y muerte. La vida de su nacimiento, pero también el nacimiento de su enfermedad. La enfermedad que le estaba haciendo caer el cabello, la estaba adelgazando y le negaba el futuro. Diana decidió liberarse. Sólo así podía soñar. Soñar sólo lo hacen quienes no están sujetos a designios.

Luis Angel mira hacia las montañas. Hacia la mancha verde. ¿Qué hay en sus pensamientos? Nació en la ciudad. Aprecia los árboles, los animales. Dibuja aves o colecciona calcomanías de ellas. Disfruta de la clase de biología. Es un buen comentarista de los programas de televisión sobre la naturaleza animal, vegetal y mineral. El origen del hombre lo apasiona. El origen de la vida. La vida es un suspiro. ¡Qué sensible eres!

Un día, Luis Angel dijo a su papá:

—Papá, ¿puedes regalarme una jaula?

—¿Para qué quieres una jaula?

—Para tener pájaros que canten en las mañanas.

—¿De cuáles pájaros deseas tener?

—De todos los que existan. Todos saben trinar.

—Sí. Pero algunos no cantan cuando están en las jaulas. Y se van.

—¿Se van? ¿Cómo, si la jaula está cerrada?

—Prefieren morir. Es otra forma de partir.

—¡Morir! ¿Por qué? ¿Acaso no es mejor vivir? Además, no les hará falta la comida y un buen nido. ¿Por qué, entonces?

—Por amor. Por amor a su forma de vida.

—Y estas avecillas, ¿son lindas? ¿cantan bien?

—Sí. Son muy especiales. Pero son escasas. Sé del Quetzal en Guatemala. De nuestro país conozco el toche. Parece como

18

si en cada país existiera una clase de aves que aman demasiado la libertad y no admiten vivir enjauladas. Cuando están presas una gran tristeza las embarga, su plumaje empieza a perder brillo y colorido, cayendo poco a poco; su canto se pierde en el interior de su melancolía y finalmente, se dice, mueren de pena moral.

—Entonces, ¿cómo puedo tenerlos?

—Dejándolos vivir como ellos quieren vivir, hijo.

—No entiendo, papá.

—Escúchame. Hace algunos años, cuando aún no conocía a tu mamá, trabajé en un pueblo de clima cálido. Vivía en una casona de espacios amplios, donde se recibía el aire y el sol llegaba en abundancia. En un primer patio, pavimentado, el sol caía verticalmente, acalorando las habitaciones. En el fondo de la casa se hallaba un segundo patio. Había en él, sembrado directamente en tierra, un mango de altura significativa que pronunciaba su sombra sobre un papayo y sobre distintos arbustos y plantas de jardín.

El follaje se entrelazaba a tal punto que para distinguir a quien pertenecía determinada flor, había que seguir detenidamente con la vista el trayecto desde donde creció y floreció, para identificar el tallo padre. Las hojas y flores caían formando una capa vegetal, para cumplir el ciclo y alimentar de nuevo a su especie.

—¿Y los pájaros papá?

—Ellos llegaban todos los días a guarecerse de la lluvia y a comer. Nadie cogía los mangos y las papayas. Quedaban allí, para deleite de los picos. El mango cosechaba dos veces al año; las pepas caían sin carnosidad, picoteadas. El papayo se cubría desde el pie hasta la cabeza de frutas y a medida que maduraban, los pájaros comían. Algunas veces, en cada papaya se posaban tres o cuatro picando al mismo tiempo y cuando perdían el equilibrio, volaban a unas ramas permitiendo que otros degustaran el delicioso manjar. Cuando lloviznaba, las gotas de agua caían de hoja en hoja robando la luz al sol, reflejando el iris hacia mis ojos. Entonces, llegaba el colibrí con sus colores de fantasía, su incansable aletear, su estático volar, para libar en los labios florales la miel polinizada, para irse luego sin dejar huellas. Era en verdad un bosque encantador.

—Padre, donde vivimos no podemos sembrar un bosque. Sólo comprando materas grandes, las juntamos todas, y así formamos un bosquecillo.

—Intentémoslo hijo.

Otro día Luis Angel dijo nuevamente a su papá:

—Por más que cuido el jardín, éste no crece, no da flores, no da frutos. El aire y el sol casi no los siento. Los pájaros no llegan.

—El espacio es muy reducido. Apenas podemos vivir nosotros. Los árboles necesitan mirar el firmamento y aquí, las persianas, las paredes, las claraboyas no los dejan respirar, no los dejan recibir luz. Pero aquí adentro se pueden tener algunas plantas, escogiéndolas. Unas son de sombra o de sol y otras de sol y sombra. Hay que aprender a tratarlas, acariciarlas y hablarles. Tu mamá te podrá ayudar. ¿Hablarás con ella?

—Sí. Lo haré.

—Acerca de las aves, es mejor salir. Ir al campo. Allí las encontrarás y podrás compartir todo el espacio. En la ciudad quedan muy pocas.

—Gracias, papá.

Luis Angel visitó un zoológico. Conoció a todos los animales retenidos en jaulas pequeñas y grandes y en otras más grandes y menos pequeñas: Los ibis rosados, los flamencos de piernas huesudas y cuello largo, retorcido, escondiendo la cabeza en su plumaje para dormir; las chinas de agua, erguidas en un solo pie; el gallo roca de vistoso y colorido plumaje, desafiante, volando afanado; el faisán dorado: se necesita verlo para sentir cúan bello es; los gallos y las gallinas con plumaje de peluche; las guacamayas con el color hecho realidad y la realidad hecha color; los arrendajos, los azulejos, los gorriones.

Rodeando un extenso lago, llegó a una caseta ubicada en parte sobre las no muy profundas aguas. Una señora y dos niños descansaban sentados ante una de las mesas.

—Vete hormiguita. Vete de aquí. Vete a tu país. Aquí es donde se vende gaseosa —dijo el niño mayor.

—Los micos se estaban peleando, mamá. Un mico grande le pegó a uno pequeño. El mico pequeño es el bueno. El mico grande es el malo. Yo quiero ser el mico pequeño —dijo el niño menor.

—A mi me gustó el mico grande porque le pegó al pequeño. ¡Yo quiero ser el mico grande!

—¡Qué valiente el mico pequeño pues no quería dejarse pegar!

—¡Qué valiente el mico grande, nadie le pega! ¡La abeja se va a tomar la gaseosa,

mamá!

—Déjala, ella también tiene sed.

—Colombiana... ¡la nuestra! ¡Nuestra colombiana! —brindó el hijo menor.

—Coca-cola... ¡qué gran sabor! ¡Coca-cola es así! —brindó el hijo mayor.

Las escamas de las sardinas brillaban al recibir los rayos del sol que penetraban bajo la superficie del lago. Una transparencia luminosa, permitía ver el cardumen deslizarse dentro del agua frente a la caseta, donde el diálogo se desarrollaba entre la señora y sus dos hijos, y desde donde Luis Angel lanzaba alimentos a los pececillos.

En un grupo de equilibrado tamaño, el alimento alcanzaba para todos. Cada uno nadaba velozmente, mordisqueaba y se retiraba. En otro grupo, el pez grande se llevaba todo o casi todo. En una oportunidad, los pequeños se abalanzaron sobre un pedazo de pan cuando ya casi estaba en la boca del más grande, ahuyentándolo, logrando así tomar cada cual su parte.

Cubriendo el lago con la mirada, Luis

Angel se retiró, no sin antes observar con detenimiento la majestuosidad y la mirada orgullosa del cisne negro, nadando solo, solitario, alejado de los remos y de las bicicletas de agua guiadas con habilidad o con torpeza, que hacían levantar vuelo a los patos y a otras aves acuáticas.

Los chigüiros, perseguidos y en extinción, y los ciervos, con mirada asustadiza y tímidos, eran los habitantes de un amplio terreno cubierto de arbustos de corte mediano y limitado por un alto enmallado. A primera vista no era posible medir la extensión de este otro tipo de jaula.

"Los trinos y los vuelos se estrellan contra las rejas de las jaulas pequeñas. En las jaulas grandes y en las más grandes, los pasos, si se atreven a darlos, los llevarían al fin de su libertad...". Miles de preguntas y pensamientos rebotaban en la mente de Luis Angel durante el regreso a casa.

Juan no camina con los pies. Viaja en una bicicleta. Desde la casa al colegio. Desde el colegio a la casa. En la calle. En las ciclo- vías. En los parques. La bicicleta hace parte de su cuerpo. El la siente y la lleva en sí. Quiere ser un gran ciclista. Es su sueño. Yo le ayudo a limpiar la bicicleta durante algu- nos descansos y él me enseña a conducirla.

Una mañana, Juan inició un entrenamiento en su habitación. Sobre la bicicleta, luego de quitarle la cadena, empieza a pedalear, pedalear, pedalear y más pedalear. Después de realizar un gran esfuerzo, los músculos de sus piernas se fueron aflojando y se sintió más liviano. Unido a su bicicleta se. eleva en cámara lenta, pasa a través de una ventana, y se remonta hacia el indeterminado espacio.

La curvatura de la tierra se acentuaba más y más, a medida que iba ascendiendo. La atmósfera lo absorbió rodeándolo más de gases en polución que de aire puro. Penetró en una franja de partículas atómicas de transparencia rosada, hasta llegar a una envoltura inasible, nadando en un mar sin agua, de color profundamente azul. Emergió luego con el asombro de lo desconocido, observando hacia atrás, en la distancia, una esfera azul, el planeta azul, el planeta tierra, su lugar de origen.

Estoy a la deriva en nuestra galaxia, en la vía láctea, llamada por los antiguos el Espinazo de la Noche, formada por las estrellas que manaban torrencialmente de

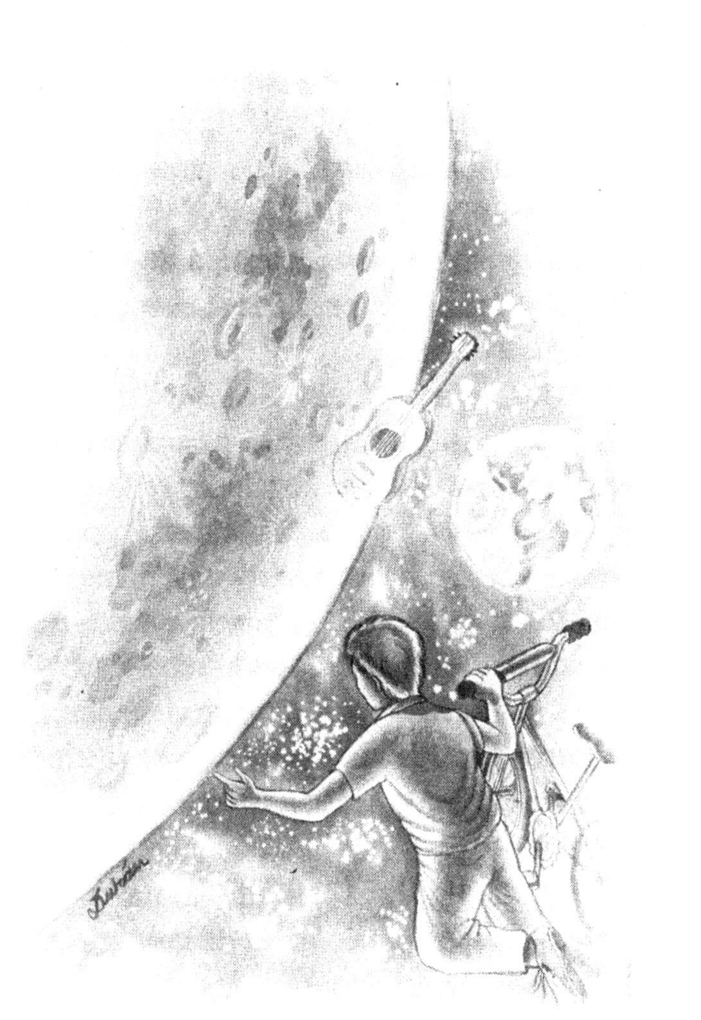

los pezones de la diosa Hera... la luna... ¡ahí está! ¿Será luna o Aluna? Hermosa leyenda de los koguis. "... Así, primero estaba la madre... La madre no era gente, ni nada, ni cosa alguna. Ella era aluna. Ella era espíritu de lo que iba a venir y ella era pensamiento y memoria...".

Estoy ante la luna... testiga de noches cálidas y de amaneceres fríos, cuentan los abuelos y mis padres.

Oleadas de brisas desordenan mis cabellos. Ladridos de perros se escuchan en la profundidad del espacio. Copas rebosadas de vino vienen y van. Guitarras, tiples, acordeones, arpas, quenas, flautas, maracas, tríos, duos, canciones..., toda la música de serenata se escucha cerca de la luna. Fachadas de casas. Ventanas y cortinas se abren dejando escapar la luz y la imagen de rostros femeninos. En otras hay oscuridad y ausencia.

Gotas lloviznantes de agua y de lágrimas descomponen la luz de las miradas en abanicos de colores: miradas anhelantes, acompañadas de suspiros viajeros, abarcan distancias hasta llegar a donde vive el sueño del amor.

Palabras hilvanadas, versos, poemas libres y rimados; voces recitantes, lánguidas, apasionadas: poesía a la luna y a la ilusión que naciendo crecía o se apagaba.

Luna, claridad, espejo de cuerpos enredados a través de ventanales o sobre lechos de hierba verde.

Luna, palidez, reflejo de cuerpos muertos y deseos no vividos en bóvedas de sombras ante tu rostro luminoso, y no ante los ojos de los vivos.

Luna, calor, pasión, palpitación acelerada, manos que se alzan acariciando la piel que se nos desvanece en el recuerdo.

Luna, confidente y amiga de los enamorados, quienes terminaron enamorados de la luna.

Luna, eclipse, nubes, luz, oscuridad.

Luna, sol, tierra.

Luna, tiempo, distancia.

Luna, satélite, minerales, técnica,

cohetes, banderas, pisadas, estación de abordaje.

Luna. Aluna.

Estoy ante la luna... ahora sí estamos juntos... desde la tierra te muestras tímida y te escondes detrás de las nubes.

Así es Marta conmigo. Cuando estamos en clase y la contemplo, el rostro se le vuelve como pétalos de rosas rojas y se cubre con el cabello. Un día estaremos frente a frente y le morderé los labios de manzana... allí está Venus, nombre de mujer, arte de Milo; Mercurio... sembrado de cráteres, remota idea de vida... ¡ufff qué calor! el sol... por aquí debo hallar plumas de las alas de Icaro... me acercaré un poco más... ¡oh! llamaradas gigantescas me abrazan, parece como si en su centro mil dragones lanzaran fuego eternamente... ésto calienta más que la estufa de mamá... debo marchar antes de calcinarme... visitaré Saturno para conocer sus anillos y sus lunas.

Io... Diode... Titán y su atmósfera... ¿viviremos algún día aquí, cuando el sol se

extinga? posibilidades... posibilidades.

Miles de estrellas caían encandilando los ojos de Juan, palpitando su corazón de alegría, rebosado de deseos que aquí no escribo para que pueda realizarlos.

Explosiones luminosas como en las noches pirotécnicas se sucedían y el todo se dividía en sus partes que a la vez serían únicas: la reproducción de las estrellas, la formación de las constelaciones.

Una fantasía ante sus ojos le ocupaba el pensamiento: el movimiento danzante estelar, el lenguaje de los astros, las rutas invisibles de los planetas, el equilibrio cósmico, la armonía en la dinámica.

De pronto, la unidad se quiebra. Objetos que no pertenecen al sistema aparecen por los horizontes. Plataformas, bases de lanzamiento de naves y cohetes, como ejércitos ocupando territorios. Soldados, vestidos con trajes espaciales, armados con lanzacohetes y con pistolas laser, se mueven impulsados por motores de propulsión acondicionados en sus espaldas; robots de formas temerarias ubican en cada lugar a donde llegan.

No puedo identificar esas banderas... ¿de quién son? No sé por qué quieren ocupar el espacio... ¿qué estoy escuchando? Voces, quejidos, lamentos... están pidiendo agua, vestidos, pan..., son miles, millones de voces que vienen... sí, ¡vienen de la tierra, de mi planeta!.

Un murmullo hizo mirar a Juan hacia atrás, sorprendiéndose al ver avanzar todas las constelaciones corporizadas: Pegaso, Hércules, Arturo, Orión, Perseo, Las Osas, el León, el Cisne, la Ballena, el Fénix, el Centauro... y cuántas más, acompañadas por el zodiaco, para cambiar el destino de los soldados; por todos los dioses del Olimpo, para otorgar poderes a los hombres; y por el sol, para consumir las ambiciones de los generales condecorados y de los no generales: era el espacio, los dioses y los hombres, ausentes de las armas, ocupando el tiempo para conseguir la paz.

Entre el asombro, el éxtasis y la

grandeza, al hallarse en compañía de tan extraordinarios seres, Juan apenas pudo sentir la mano que le apretaba el hombro, obligándolo a volver de su viaje espacial, hallando ante sus ojos abiertos a su mamá.

—Eres tú, mamá!

—Sí. Hace varios minutos te he estado esperando. ¿Hasta dónde llegaste?

—Podría escribir un cuento sobre la etapa que corrí hoy con mi bicicleta.

—Estás soñando. ¿Cómo puedes correr una etapa si la bicicleta no tiene cadena?

—Precisamente así, mamá. Soñando.

—Está bien que sueñes, pero sin perderte de la realidad. Para ser ciclista hay que ser ciclista.

—Lo sé mamá. No te preocupes.

Martín, aún cuando era de pequeña estatura, no quería estar con quienes tenían su misma edad. El mundo es de los grandes. Los pequeños estamos esperando lo que nos quieran dar, cuando nos dan, me decía.

Todo lo hacía rápido. Así, pensaba él, el tiempo pasaría, crecería y llegaría temprano a la edad mayor.

Una tarde, cuando descendió por las escaleras que llevaban a lo alto de la cima donde estaba construido el colegio, sintió crecer sus piernas.

—¿Qué sucede? ¡Soy tan alto como el más alto del curso! ¡Ahora como el más alto del colegio! ¡Por fín logré lo deseado!.

Continuó bajando y creciendo. Al llegar al último escalón, el nivel de su cabeza sobrepasaba la altura de la colina. Su rostro ya no era de alegría. Le preocupaba el estar por encima de las nubes y no ver la ciudad.

—Mis manos... ¿dónde están mis manos? Aquí están. ¿Y mi cabeza? Esta es... sí. Mis pies... mis pies... ¿dónde están mis pies?

—¿Querías irte sin llevarnos?

—Irme... ¿no llevarlos?

—Querías elevarte y dejarnos abajo.

—No los siento... por favor, quiero tocarlos.

—¡Estás tan arriba que no puedes con tus propios pies!.

—Quiero bajar. Quiero estar cerca de ustedes, sentirlos.

En un instante, Martín recobró su

estatura. Asustado, quiso llegar a casa velozmente. Cuando llegó, sus pies no se detuvieron. Recorría distancias, calles, caminos, valles y montañas. Si quería mirar algo o hablar con alguien, todo quedaba atrás. Quienes estaban adelante, al verlo se apartaban para no ser atropellados.

Sus pies y sus manos no se veían por la rapidez de su carrera. Sus brazos eran como aspas de molino girando en dirección contraria al movimiento de sus piernas, tratando de detener la velocidad acelerada del móvil.

Un coro escuchaba a su paso. Los árboles, las aves, las personas, todos cantaban y tocaban instrumentos musicales.

"Martín caballero sin patas ni manos
y corre ligero".
Corre, corre, corre que ya te alcanzan
que ya alcanzas, que ya te alcanzas
que ya te cansas, que no descansas
corre, corre, corre.

Martín no podía parar su desbocado afán. Al final se estrelló contra la puerta de una casa. Al levantarse, reconoció su hogar. El hermano mayor salió, impresionado por el ruido.

—Eres tú, ¡cómo es posible que no puedas timbrar!.

—Ayúdame. Ayúdame a entrar. Estoy cansado.

—¿Qué te sucedió? Estás casi muerto.

—No hables ahora de morir. Vivir es lo que quiero.

En el último filo montañoso, el sol en su descenso adquiría un color rojizo. Oscurecía las imágenes en unos lugares y en otros, como en aquel donde los jóvenes alegraron el momento con sus carreras juguetonas, con el revuelo de las faldas, con el volar de las maletas de los libros; su luz se filtraba en los espacios como queriendo bendecir la gracia juvenil.

Julián, con paso lento se retira del

colegio en compañía de Rosalba, su compañera de estudio y amiga del alma.

Los tenues rayos del sol de los últimos momentos de claridad del día caen sobre el rostro de Rosalba ruborizándola, haciendo nacer de su piel un esplendor de silente belleza.

Con voz callada, cariñosa, y tomando del brazo a Julián, le dice: vamos al parque.

—Vamos allá. Ese lugar es muy agradable para estar contigo.

Tomados de la mano, entre saltos largos y cortos, a un lado y a otro, que más bien parecían pasos de una danza, se dirigieron al parque.

Voces, risas y canciones escucharon al llegar. En el centro, estaban unos teatreros y alrededor un nutrido grupo de jóvenes disfrutando los trajes y las pantomimas de los artistas.

—Mira. Son ellos —dijo Rosalba.,

—Nó. Somos nosotros —respondió Julián.

—Pero ¿cómo?

—Son ellos y somos nosotros. ¿Acaso no es nuestra ilusión ser actores?

—Sí, es nuestro gran sueño. Veamos cómo actúan.

—Veamos cómo actuamos.

—Señores y señoras, niños y niñas, jóvenes en general!

—Casi gritó quien parecía ser el director del grupo —Les vamos a presentar un montaje teatral de mimos para que disfruten del momento. Nosotros no tenemos cátedras, estrados, periódicos, radio o televisión a nuestro servicio para expresar nuestra opinión. Por ésto, vamos de lugar en lugar, de plaza en plaza divirtiendo y llevando nuestro mensaje. Prepárense a reir y pensar!.

—Pero ellos no tiene dinero, son estudiantes, ¿cómo nos van a colaborar? preguntó uno de los artistas.

—No importa. Ellos nos agradecerán con su alegría, sus risas y aplausos llenarán nuestro corazón y alimentarán nuestro espíritu para seguir adelante.

Todos los niños y las personas adultas que se hallaban en aquel momento, se sentaron frente a los actores, esperando la función. Julián y Rosalba ocuparon un lugar escogido, desde donde podían observar claramente.

Los actores colocaron un cajón de mediana altura y delante de él, dos sillas de madera con rótulos detrás: "Ofrecimiento de..." Luego, avanzaron dos personas llevando en pulso a una tercera, vestida con sobretodo negro y corbatín y con la cara pintada de blanco. Conservaba de color natural únicamente los ojos y los labios. Lo ubicaron de pie en el cajón y quedó allí rígido. Como una estatua. En verdad parecía una estatua.

Un murmullo se elevó de los espectadores opinando sobre el actor-estatua, pero luego el silencio volvió a ponerse en sus labios, esperando lo que habría de seguir.

Un señor muy elegante; con una sombrilla en la mano derecha y bajo el brazo izquierdo un periódico de opinión opuesta;

llega con paso cansado y se sienta en una de las sillas. Despliega el periódico. Se dedica a leerlo. Alarmado, porque todas las noticias le informaban de un mundo al revés, observa con detenimiento el periódico. Se da cuenta de que lo tiene cogido en sentido contrario. Voltea el periódico y adopta una posición de tranquilidad sumisa en su lectura.

Una señorita, con tacones y vestido sencillo, no muy fino pero con cierta gracia, especialmente para aquellas citas en un día importante, llega a la otra silla. Impaciente, mira el reloj.

El actor-estatua baja una de sus manos en forma mecánica. Toca levemente uno de los hombros de la señorita. Ella voltea a mirar extrañada y al no ver a alguien en la parte de atrás, mira con desconfianza al lector del periódico. De nuevo el brazo mecánico le toca, ahora, el cabello y ella se levanta a mirar detrás de la estatua. Vuelve a sentarse, contrariada. Observa al señor. Madura la idea sobre su responsabilidad. Al sentirse acariciada en la espalda por tercera vez, se levanta como un resorte y salida de sus casillas le arrebata el periódico al señor, le golpea la cara y sin decir nada, sin ninguna explicación, se retira furiosa. Los espectadores estallan en carcajadas.

El señor, con el periódico roto en su mano derecha, trata de llamarla para exigirle una explicación, pero al ver que ella no regresa, malhumorado y balbuciendo quién sabe qué palabras, se aleja finalmente del lugar, recibiendo un nutrido aplauso.

Un borracho se acerca. Su traje deformado, sucio y apestando a alcohol. Con una botella casi desocupada en una mano y con la otra apretándose el estómago, llega ante el actor-estatua. Se recarga contra él con movimientos vacilantes y empieza a abrirse la bragueta para poder desocupar la vejiga. El actor-estatua hace un gesto de desagrado. Las risas se escuchan entre los espectadores. Cuando el ebrio termina, siente un inmenso agrado y descanso a la vez. Le da unas palmadas en las piernas al actor-estatua. Le agradece y se retira un poco para

seguir bebiendo alcohol. El actor, con un poco de rabia, le dá una patada en el trasero lanzándolo al piso. La botella se rompe con gran ruido. El borracho mira hacia atrás y cree ver un fantasma. Empieza a correr en forma alocada quedando en sano juicio. Las carcajadas de los niños, jóvenes y adultos se escuchan en muchos metros a la redonda.

Vestida con uniforme de trabajo, portando el balde y una escoba, una señora se acerca y comienza a barrer y a limpiar las sillas. La mano del actor-estatua baja y toca la espalda de la señora. Ella voltea a mirar rápidamente. No ve a nadie. Continúa su labor. Por segunda vez vuelve a sentir a alguien. Busca alrededor de la estatua. La mira. Sonríe maliciosamente. Finge que empieza a barrer. El actor-estatua inicia su movimiento para tocarla con la mano, pero ella voltea a mirar en el instante. El actor deja la mano rígida. Esto sucede tres o cuatro veces. La aseadora vuelve hacia el actor con el balde y un trapo mojado con jabón y empieza a limpiarle el sobretodo y la cara.

52

El maquillaje se daña. El actor-estatua ríe en silencio. En un momento en que la señora deja el balde y le dá la espalda, el actor-estatua lo toma y vacía el agua sobre su cabeza, al tiempo que todos desgranan risas y aplausos como ofrenda al agradable momento que estaban viendo.

—Gracias. Gracias —interviene de nuevo quien parecía ser el director —gracias, muy amables.

Un nutrido aplauso se levantó desde donde se hallaban los espectadores. Querían agradecer con esto el trabajo de los teatreros, que ahora se retiraban. Los chiquillos caminan tras de ellos, llenos de admiración y curiosidad. Preguntas y más preguntas, los actores deben responderles.

—¡Despierta! ya acabamos —le pide Julián a Rosalba, pues la vé alejándose dentro de una mirada soñadora.

—Oh... es que, ¿dónde estamos? ¿Allá o acá?

—Acá y allá.

—Eso es lo que no me permite volver.

¿Dónde?

—Los dos estamos, siempre estaremos los dos, no importa dónde.

—Tú y yo. Qué alegría somos tú y yo.

Los dos se tejen en un apretado abrazo en medio de un éxtasis comunicante.

—Tienes el uniforme húmedo y tu cabello está mojado. ¿Acaso llovió? —pregunta Julián.

—Y tú tienes el rostro pintado. ¿A qué horas te maquillaste?.

Dibujo puertas y ventanas abiertas. Mi mirada se va tras el afuera.

No quiero estar en el adentro de siempre. Cuatro paredes. La puerta del aula de clase cerrada. Ventanas pequeñas y aseguradas con rejas. Todo pintado de blanco. El blanco de los hospitales, de las cárceles y las bóvedas en los cementerios.

La margen en los cuadernos, corta, hiere las palabras. El rectángulo de los tableros se llena y se llena de lo ya escrito en los libros ya mudos.

¿Dónde está la luz del conocimiento, la decisión temprana y la visión clara de los horizontes?

¿Es la sombra de las paredes de las aulas prefabricadas?

¿Es el frío del silencio inmutable y la rigidez del texto programado?

¿Es la muerte de la esperanza creadora y el cansancio del espíritu alentador?

Vivimos días de calor. Los prados del colegio se secan y el sol anida en ellos la chispa. La tierra se quiebra. La tierra se incendia. El fuego se alimenta de las esperanzas secas. Picotean la tierra cinco palomas buscando el alimento que la mano les niega.

El golpe suave de las ventanas y la cintura doblada de las espigas secas, anuncian el paso del viento, que lleva en sus hombros el murmullo de la sangre y la tormenta agitada en las sonrisas.

El viento. Todo viaja en el viento. Casi

todo. El perfume de los recuerdos. Los instantes vívidos y los sueños. Los sueños viajan en el viento buscando corazones dónde ser fecundados.

Antonio Arenas es uno de mis condiscipulos de clase. Siempre me dice Diana, Dianita, te la pasas volando. Yo le digo sí, con las alas que tú pintas. La mariposa despliega sus alas para volar y para cubrirse de colores. Esa es su alegría. La alegría de una vida.

¡Icaro! ¡Icaro! ¡Por qué te metiste en mis días y en mis noches! Vuelas y vuelas en mi mente y en mi corazón. Te siento en la sangre, en mi mirada viajera, en mis pies caminantes, en mis brazos abrazantes de distancias. ¡Cuántas veces he leído tu bella historia! Tú también, Antonio.

—¿Quieres que hablemos de ella, Diana?

—Sí. Hablemos. Dédalo, el padre de Icaro, construye las alas para huir. Desea volver al lugar de procedencia.

—Mientras el padre trabaja, el hijo se

recreaba con las plumas lanzándolas al aire. Sintió su ingravidez.

—Cuando emprenden el vuelo, Dédalo dirige sus alas hacia su tierra. Icaro le sigue, pero luego disfruta de un gran placer al estar volando y se remonta hacia las más altas nubes. Vive el vuelo. Entonces, ama sus alas por el vuelo. El y ellas son uno solo. Son vuelo.

—Sí. Icaro se encontró consigo mismo. Era su deseo, su voluntad y su cuerpo alado respondiendo. Su padre quiso ir tras él, pero no pudo elevarse. Su cuerpo no fue correspondido por las alas. Aunque las tenía pegadas a su cuerpo, estaban separadas cuerpo y alas.

—Dédalo llega a su destino con la frente ceñida por el dolor y ofrenda sus alas al Dios Apolo. Nunca más vuelve a volar. Nunca voló. Huyó del lugar.

—Icaro quiso ser volando. Quiso vivir en la libertad del vuelo. ¿Fracasó Icaro? ¿Fracasó el ser vuelo?

—Nó. Sus alas no eran acordes al

medio. Icaro está vivo. Colóquense ante un espejo. Sientan el espejo aunque se demoren en sentirse a sí mismo.

—Diana, ¿por qué Icaro quiso volar hacia el sol? ¿Le atrajo la altura... el fuego... la luz... el calor? El calor hace a los cuerpos menos densos y se elevan. Son volátiles.

—Sí, Antonio. Pero él necesitó además de ser volátil, la voluntad. ¿Qué regresó de él? ¿Dejó algo allí, en el sol?

—¿Qué regresa de la mariposa al volar hacia el fuego? Las cenizas de sus alas.

—El fuego despierta el fuego que hay en las alas y las alas se hacen fuego.

—En todo hay fuego. Dicen que la madera es quien más lo contiene.

—¿Hasta dónde llegó Icaro? No llegó al fuego porque su cuerpo regresó. ¿Hasta un punto de la luz cuya vibración no resistió? Si hubiese llegado hasta donde la luz no es fuego y el fuego no es luz, ¿habría vivido allí?

—¿Qué es el fuego, Diana? Sin peso, sin medida, inasible...

—Fuego, eres calor ó luz... calor y luz... ¿ó eres fuego, calor y luz?

—Luz, sombras... ¿dónde comienza la luz y dónde las sombras?

—Las sombras nacen de la luz... luz y sombra...

—Fuego del sol, calor de vida, luz en las pupilas...

—Brillo en la mirada, claridad en el espíritu, armonía en la sonrisa...

—Fuego en las caricias, pasión en el suspíro...

—Fuego... prometeo, ¿qué nos entregaste en el fuego? ¿El fuego mismo, el arte, la poesía, la palabra, el alma, el espíritu? Le robaste a los dioses la memoria, el poder ver lo que no ven los ojos... ¿qué fué y por qué hemos perdido la esencia de tu regalo? En el fuego mismo está el secreto.

—En el fuego está el secreto de la luz.

—Antonio Arenas. Contigo el pensamiento vuela y volamos en el pensamiento. Pero la arena de tu apellido no es precisamente un símbolo del vuelo. Podríamos llamarte... Antares. ¿Te gusta?

—Antares... me gusta. Es un nombre espacial.

—Y tú Diana, deberíamos llamarte... Diana Umbra.

—¿Umbra?... me gusta.

Los ramilletes de flores se desgranan al paso del viento, que feliz las acaricia y lleva consigo el polen y el perfume. En el suelo se forma un tapiz multicolor que no será superado por la más fina de las alfombras de Persia.

Los árboles crecen alegres hacia el sol. Dejan caer sus brazos vestidos de hojas como sombrillas. El sol proyecta sus rayos madurando los frutos, para ofrendar la mesa de fecundas manos.

Bandadas de pajarillos van de rama en rama, de flor en flor. Sus trinos forman melodías que llegan al oído con el sonido vivo de mil violines, con la alegría de la sinfonía de los juguetes.

Un grupo de niños completa el decorado de aquel paisaje. Unos danzan al son de sus voces en coro, otros dan brincos, ruedan y saltan con movimientos elásticos, con el garbo del lince en su rítmica carrera. Las voces se entretejen. Las sangres se juntan. Los apellidos se olvidan. Las manos se estrechan. La alegría está convocada. La mesa está servida para todos. Poco a poco, un anciano se acerca a aquel corrillo de niños que seguían practicando las rondas del pasado infantil de sus padres y abuelos:

—El puente está quebrado, con qué lo curaremos, con cáscaras de huevo, mulitas al potrero...

—Arroz con leche, me quiero casar, con una muchacha que sepa bailar, que sepa...

—La gallina y todos sus polluelos, unidos, para vencer el gavilán hambriento.

La presencia de aquel anciano detuvo los juegos, y todos los niños se acercaron a él admirando su presencia: un sencillo traje, un saco a su espalda, una fina barba blanca que caía sobre su pecho; el cabello largo, blanco, sobre su espalda y su mirada risueña, buena y amable. Cubrieron su vestido de flores y llenaron sus manos de frutas, bocadillos y todo lo que allí tenían para comer.

El anciano se sentó entrecruzando las piernas. Al frente se situaron los niños con un aspecto alegre y respetuoso hacia aquel que bien podría ser su bisabuelo. Auscultaron en sus ojos un mar de sabiduría recogida en su larga vida llena de experiencias, queriendo entrar allí para absorber todos sus consejos tan necesarios para ellos, quienes apenas eran blancas hojas de papel, sobre las cuales empezaban a escribirse los primeros renglones de su corta edad.

—Relátanos un cuento —dijo una niña de trenzas y delantal blanco.

—Sí. Por favor —corearon todos.

—Bien. Les contaré una historia.

El rostro del anciano se iluminó. Recorrió con una mirada brillante su alrededor y acariciando a un pequeñuelo con una de sus manos, empezó a hablar con una voz cadenciosa, melódica, que en momentos parecía que estuviera cantando ó entonando una melodía sin hablar.

Existía una vez un país, gobernado por un rey, que en otros tiempos había gozado de la admiración y afecto de sus gobernados, por sus actos sabios y justos, que habían llevado a la generación de riquezas y bienestar común...

Las fábricas producían sin descanso y sus trabajadores recibían colectivamente el producto, viendo premiado el esfuerzo realizado...

Los caminos comunicaban todos los lugares: nadie sabía dónde comenzaban y tampoco sabían dónde terminaban.El agua, en ríos, quebradas o riachuelos, bañaba toda la tierra: se bebía cuando se sentía sed. El sol proyectaba su luz a todos los rincones. Los sembrados se extendían, de semilla en semilla, viajando en el viento, en los labios sapientes: se comía cuando se sentía hambre. Los ganados pastaban sin dañar su piel con el corte de los alambrados o las marcas de los apellidos. El vuelo de las palomas endulzaba los campos. Encontraban en cada hogar, el calor fraterno para anidar y procrear la paz de su sangre... Los cóndores se levantaban en las más altas cimas. Oteaban el horizonte, vigilantes, guardando el vuelo de su ancestro libertario...

Aves de todos los espacios remontaban aquel país hallando asilo en sus largas migraciones, como descanso hallaban en sus puertos los trashumantes y nómadas viajeros...

Millares de pájaros recorrían los lugares en vuelos acrobáticos, danzando en el aire al son de bellas melodías, apenas perceptibles a sus oídos, del movimiento

esferal en el espacio. Sus plumajes lucían las más bellas combinaciones de colores, y en ellos se perdía el arco iris, en aquellas tardes de lluvia soleada. En sus trinos, los pentagramas se cubrían de notas tejiendo hermosas composiciones musicales, llenando el espíritu y el corazón de los hombres, aportándoles sosiego, templando su carácter en el trabajo diario, elevando su espíritu en la exaltación del amor ó endulzando su corazón en la amistad de los hombres... los pintores recibían en sus pinceles el iris de su plumaje... Los compositores recibían en su música las notas de sus cantos...

Los hombres eran ofrendados por la alegría de sus vidas...

Pero entre ellos, hubo uno que desarrolló mejor su vuelo. Alcanzó grandes velocidades y logró movimientos lentos, melódicos. Su vuelo rápido lo llevaba directamente hacia el sol, perdiéndose en el espacio: decían que se acercaba al sol, se alimentaba de su energía y volvía para traer su calor a los hombres de la tierra. Su canto enamoraba las pasiones, no para forjar cadenas, como las sirenas homéricas, sino para engendrar sentimientos de libertad en la voluntad humana...

—¿Cómo cantaba, cómo era el canto para ser tan especial? —preguntó un niño que llevaba en su cabeza un gorro de lana blanca.

—Su trinar era un canto, un silbido, una voz. Todo convergía en él. Primero producía una música armoniosa, convirtiéndola en un silbido cadencioso, llegando a emitir voces silbantes: decían que mediante la música se comunicaba con los árboles, con las flores, con los frutos, con la tierra; con el silbido hablaba con las demás aves y con la voz silbante lo hacía con los hombres, pues los hombres entendían su canto.

—¿Usted puede imitarlo? —interrogó otro de los niños.

—Sí, lo haré... fiiiiuuuiiiaaasiiicannntaaabaaaiiiasiiii...

—¡Qué hermoso... hemos entendido...

tiene razón... era muy especial su canto!
—comentaron alborozadamente los pequeños.

—¿Cómo se llamaba, cuál era su nombre? —preguntaron varios.

—Su nombre era Antares.

—Antares ¡Es un nombre muy bello! exclamaron casi en coro.

—Y el rey, ¿qué pasó con el rey? —inquirió uno de los más pequeños.

—El rey... el rey vivía en una casa sencilla. Su vida transcurría dentro de una comodidad natural y constantemente viajaba por el país, para consultar y comprobar la justeza de su reinado. Además tenía consejeros llegados de las provincias para aumentar su conocimiento personal...

Pero un día empezó a cambiar: mandó construir un palacio inexpugnable "para defenderme de los enemigos" —decía— cuyas paredes estaban vestidas de mármol y los pisos estaban cubiertos por alfombras de hilos de plata. El palacio tenía grandes compartimientos usados como comedores y salas de baile. En el centro se levantaba un teatro, con cabida para millares de personas, para deleitar los gustos circenses de la realeza. En la parte posterior, un gran sembrado de árboles frutales ofrecía sus perfumes a las manos hábidas de los invitados, luego de los juegos acuáticos en las extensas piscinas alimentadas por una fuente natural de agua, que había hecho desviar para gozar de su privilegio...

En oro macizo, orlado con el más grande de los diamantes fue hecha su corona "para ostentar en ella el poder" —decía— y el cetro, lo mismo que la silla del trono, tenía incrustaciones de esmeraldas y sus vestidos estaban tejidos con hilos de oro para "mayor magnificencia"...

Se hizo rodear de nuevos consejeros, en mayor número venidos del extranjero "ellos fueron quienes lo hicieron cambiar" —decían las gentes— y los pocos oriundos de aquel país olvidaron el camino de donde procedían y se entregaron al fasto y a la gula.

A sus "protegidos" los hizo dueños de extensas haciendas y de numerosos hatos. Sus graneros se abarrotaban y sus cuerpos se cubrían de las más caras joyas y de los más estilizados trajes...

El agua se contaminó y la oscuridad reinó: para tomarla pura y para disfrutar de la luz, había que pagar el derecho...

La alegría se borraba apareciendo en los rostros el temor y la ansiedad. Las manos vacías se extendían apañando esperanzas, recogiendo mendicidad. Las voces suplicantes, desencantadas, nacían de los secos y quebrados labios. Los ojos absortos, sin horizontes, se cubrían de llanto. Los caminos se llenaban de gente deambulante, sin norte brujular, mascullando rabia...

Con su lenguaje poético quería pintar de rosa las desgracias. Hizo decorar todo, vistiendo de fantasía la pobreza. Para velar la imagen de su reinado ante los extranjeros, las invitaciones se sucedían en el palacio aduciendo gustos refinados, con presentación de artistas que aceptaban sus elogios:

otros se negaron, entonces su arte fue negado...

Hizo traer las mejores aves cantoras para llenar sus jaulas, como otro de sus gustos caprichosos. No contento aun, quería tener a Antares, como quien quiere tener un lujo, un tesoro para mostrarlo al mundo como un "valor nacional", como un "símbolo de poder"...

Organizó una cacería, asesorada por expertos de otros países, con los más sofisticados medios y métodos. Infructuosos sus intentos, empezó a utilizar formas de fuerza, aplicando torturas a otras aves y a las gentes amantes de sus cantos, para averiguar cómo hallarlo y cómo apresarlo...

Antares, no resistiendo el dolor ajeno, se presentó ante el rey, exigiendo libertad para todos a cambio de su entrega.

Fastuosa fue la fiesta de los cortesanos y del rey, profunda la tristeza de los hombres por quienes ofrecía Antares su vida. Pero las carcajadas estrambóticas del rey se cambiaron por un rictus de rabia, al escuchar

a Antares decir que no cantaría estando en prisión...

Lleno de cólera, el rey ordenó que lo colocaran en una celda oscura a pan y... nó, sin agua y sin pan, hasta que accediera a cantar...

Después de varios días, cuando comprobó que no lograría convencerlo con suplicios, intentó comprarlo, ofreciéndole una jaula de oro y una compañera, la más bella de todas las aves...

Una compañera... la sola idea sumergió a Antares en un gran dilema; no podía comprometer en su sufrimiento a alguien más. Le gustaba compartir su alegría, su alimento, su canto, su libertad, pero ahora no iba a compartir sus cadenas, sus días y noches sin la velocidad del vuelo, sin la energía del sol...

Ante el rechazo comprensivo de Antares, frente a su nueva compañera, ella finalmente le persuade para quedarse: aún estando en prisión, no nos olvidaremos de volar. No cantaremos para divertir al rey, sino para sentir que estamos vivos y que añoramos un futuro. Cantaremos, nó los elogios sino la verdad... tendremos hijos, nó para que hereden nuestra suerte, sino para que hereden nuestra sangre y un día, las heridas se abrirán para perpetuar la vida...

Los hijos nacen y la jaula de oro —cuyo brillo y colorido estaba desvaneciendo, descubriendo una fantasía— era insuficiente. Luego de firmes exigencias, el rey los trasladó a una jaula-bosque grande, donde todos practican y aprenden el arte de volar y el arte de cantar...

Un día —amanecía apenas el sol— el rey, embriagado después de una noche de jolgorio, entra a la jaula-bosque y deja la puerta abierta. Los antarenses aprovechan la ocasión para huir.

Las ciudades y los campos se cubren de sol y de cantos. Antares, con voz silbante comunica a los hombres la verdad y empieza a destruir las líneas divisorias y los muros limítrofes.

-¿Y Antares, vive todavía? —preguntó

la niña más pequeña.

—Se le escucha en las montañas cantar, recordándoles a todos su pasado.

—¿Y dónde vive? —preguntó el niño mayor.

—Dicen que vive en el sol.

El abuelo se levantó y abrazando a cada niño, se alejó pausadamente. A medida que se acercaba al horizonte, sus vestidos cobraban brillo, despidiendo una luz azul, clara, iluminando todo a su alrededor. Sus brazos se iban transformando en dos poderosas alas y su boca emitía un dulce canto, mientras se elevaba, volando directamente hacia el sol.

Dejaron el uniforme para vestir la diferencia

El espejo les hizo reconocerse. Todos los días se colocaban la falda, la blusa y el saco; el pantalón, la camisa y el saco. Siempre sabían cómo quedaban y por ésto evitaban detenerse ante el espejo y si lo hacían, era en un acto fugaz. Hoy fue distinto. El espíritu de la alegría los unía. Buscaron los trajes deportivos para lucir. Los espejos poco a poco dejaron de mirar las modas y fijaron los incontables ojos en sus cuerpos. Al instante se ruborizaron y con las manos recorren la piel que se despierta, las formas que se pronuncian. "El sonrojo es la púrpura del deseo". El tiempo los había traído pero apenas hoy viven sus sentidos. Se llenaron de recuerdos. Aquel que le lanzó un piropo y ella no hizo caso. Aquella a quien vió de lejos y no volvió su rostro. El novio o la novia; juegos infantiles que ahora se perderán, al sentir y querer con el cuerpo y con el alma?

Llegaron al colegio respirando felicidad, con los labios entreabiertos, con las manos tendidas para comunicar el hallazgo del reflejo. Al entrar al aula de clase, un murmullo de júbilo elevaron. El tablero era una ventana sin ventana, abierta hacia los últimos horizontes por donde entraban y salían versos.

Es la alegría que germina
la sonrisa que nace así de pronto

la mirada que cobra brillo
y mira más allá de la tristeza

Son las manos que se aferran entre sí
apretando el calor más allá del frío

son las palabras que brotan
arrinconando la debilidad

Porque las flores han sido segadas
queremos sembrar semillas

Porque todas las palabras no estan
gastadas
queremos seguir amando
Porque el presente no será un buen
pasado
queremos construir un gran futuro

Dos paredes estaban decoradas con el batir de alas queriendo transportarlas hacia el techo, convertido en un firmamento azul. Otra, tenía grabados de instrumentos musicales y letras de canciones que cobraban vida al mirarles y una música espacial elevaba el sentimiento.

El piso era una pista hacia donde las imágenes se deslizaban para bailar.

El corazón de Diana parecía salírsele del pecho de gozo, al ver que muchos de sus sueños se estaban cumpliendo. El espíritu de sus amigos se había transformado y ellos habían hecho del lugar un verdadero espacio de vida. Sintió la necesidad de salir hacia la loma desde donde dialogaba con Venus, para llenarse de inmensidad, allí, donde sentía que era el centro del universo.

Venus, aquí estoy. La niña de ayer, la muchachita de hoy. El cabello me ha crecido, mi cuerpo floreció, mis pies tienen alas, mis brazos quieren navegar. Yo iré a donde tú estás. Pero, ¿cómo? ¿Qué enviarías por mí? ¿Carros de fuego, un cohete, un platillo volador? No me envíes una bicicleta porque no he aprendido a montar bien y podría caerme. Quizá debería ir en una nube. Ven, nube, ven. Baja pronto, antes de que mis amigos salgan a buscarme. Tendría que despedirme de todos y no tendría lágrimas. Me enfermaría esta vez de tristeza. Ahora que ellos han aprendido a reir, no quiero que me vean llorar.

—¿Dónde está Diana?

—Salió hace un momento.

—Debe estar aquí, compartiendo con nosotros ahora que todo es tan hermoso.

—¡Vamos todos a buscarla!

Al momento todos regresan sin encontrarla.

—Ella puede estar... en el lugar...

—Sí... ¡Vamos allá!

Allí tampoco estaba. Pero estuvo. Las huellas de sus zapatos aun conservaban el calor. Levantaron los ojos hacia el cenit y se encontraron con Venus. Todos comprendieron. Diana se había ido. Lágrimas rodaron por las mejillas.

—No lloren, por favor. A Diana no le gustará vernos llorar. Yo la estoy viendo. ¡Mírala! Ella nos está viendo. Séquense las lágrimas. Está en Venus, ¡es su rostro!

—Sí, allá. Está sonriendo...

La risa de Diana comunicó el cosmos. Los luceros aparecieron para ver quien reía con tanta alegría y al verla, prendieron todas las luces para hacer con las sombras de los agujeros negros, un claroscuro amoroso, decorando la danza del beso de las estrellas con los planetas.

PIO FERNANDO GAONA P.

Guepsa, Santander, Mayo 28 de 1954

La alegría del aprender a leer y escribir, generosidad de su primera maestra y el acercamiento a la literatura como labor sabia por parte de su profesora de español, en Guepsa las dos, generarían en él una memoria que despertaría cuando quiso cantar al amor con versos dedicados a quienes tocaban a las puertas de su corazón.

La racionalidad fría y calculadora de las matemáticas, área en la que se graduó en la Universidad de Tunja, no logró apagar la llama encendida en la creación literaria, por el contrario en sus poemas que aparecen en su libro *"la noche no habitada"* da cuenta de la sensibilización del saber matemático-físico.

En la obra de Pío Fernando se encuentra la estrecha relación entre el hecho u objeto real y la ficción. Entre el caminar por la calle, el camino, es decir el contacto con la tierra y el vuelo, el aire. Entre el estar viviendo lo de aquí y ahora y la extrapolación en el quién sabe dónde ni cuando.

Otra de sus obras es *La noche no habitada*, poesía. Cooperativa editorial Magisterio, 1993. Inéditas tiene: *Ironía*, cuento; *El reptar de las culebras*, cuento. Como compilador tiene: *Leyendas de amor; Fábulas y moralejas; Orígenes, mitos y leyendas.* Cooperativa editorial Magisterio, 1993.

www.ingramcontent.com/pod-product-compliance
Lightning Source LLC
Chambersburg PA
CBHW071227130726
47998CB00002B/852